1945년, 마침내 광복을 맞이했어요.
온 국민이 태극기를 흔들며 만세를 불렀지요.
그러나 광복의 기쁨이 채 가시기도 전에
우리나라는 남과 북으로 갈라지고 말았어요.
남한에서는 대한민국 정부가 세워지고,
북한에서는 조선 민주주의
인민 공화국이 들어섰답니다.

추천 감수 박현숙(고대사)

고려대학교 사범대학 역사교육과를 졸업하고 동 대학원에서 문학박사 학위를 받았습니다. 현재 고려대학교 사범대학 역사교육과 교수로 재직 중이며, 백제 문화와 고대 인물사 등에 대한 활발한 연구를 계속하고 있습니다. 쓴 책으로 〈백제의 중앙과 지방〉, 〈한국사의 재조명〉 등이 있습니다.

추천 감수 정구복(고려사 · 조선사)

서울대학교 사범대학 역사교육과를 졸업하고 서강대학교에서 문학박사 학위를 받았습니다. 한국학중앙연구원 한국학대학원의 교수로 재직 중이며, 한국학중앙연구원 한국학대학원 원장을 역임하였습니다. 쓴 책으로 〈한국인의 역사 의식〉, 〈역주 삼국사기〉, 〈한국 중세 사학사 1, 2〉 등이 있습니다.

추천 감수 김한종(근현대사)

서울대학교 사범대학 역사교육과를 졸업하고 동 대학원에서 역사교육을 전공하여 문학박사 학위를 받았습니다. 현재 한국교원대학교 교수로 재직 중입니다. 쓴 책으로 〈역사 교육 과정과 교과서 연구〉, 〈역사 교육의 내용과 방법〉(공저), 〈한 · 중 · 일 3국의 근대사 인식과 역사 교육〉(공저), 〈역사 교육과 역사 인식〉(공저) 등이 있습니다.

고증 문중양(과학사)

서울대학교 계산통계학과를 졸업하고 동 대학원에서 이학박사 학위를 받았습니다. 쓴 책으로 〈우리 역사 과학 기행〉, 〈우리의 과학문화재〉(공저), 〈세종의 국가 경영〉(공저) 등이 있습니다.

고증 정연식(생활사 및 복식)

서울대학교 국사학과를 졸업하고 동 대학원에서 문학박사 학위를 받았습니다. 쓴 책으로 〈조선 시대 사람들은 어떻게 살았을까?〉(공저), 〈일상으로 본 조선 시대 이야기 1, 2〉 등이 있습니다.

글 김육훈

전국역사교사모임의 창립 회원이며, 2002년부터 4년 동안 회장을 지냈습니다. 대안적 교육 과정과 교과서에 대한 소망을 담아 〈살아 있는 한국사 교과서〉, 〈살아 있는 세계사 교과서〉, 〈우리 아이들에게 역사를 어떻게 가르칠 것인가〉 등을 펴내는 데 참가하였습니다. 학생들이 토론하면서 자기 생각을 만들기 바라며 〈쟁점으로 보는 한국사〉를 펴냈고, 중학교 사회1, 2, 고교 공통사회 교과서(검정) 집필에 참가하였으며, 고등학교 국사 교과서(국정) 집필에도 참가하였습니다.

그림 김동수

서양화를 전공하였으며, 수상한 상으로는 '대한민국미술대전' 입선, '동아미술대전' 입선, 'MBC미술대전' 입선 등 다수가 있습니다. 그린 책으로 〈박나무의 꿈〉, 〈흰돌〉, 〈계백장군〉, 〈반딧불이〉, 〈흑치상지〉 등이 있습니다.

이미지 제공

연합포토, 중앙포토, 국립중앙박물관, 국립부여박물관, 국립경주박물관, 국립민속박물관, 유연태(사진작가), 허용선(사진작가)

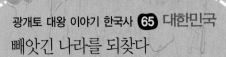

광개토 대왕 이야기 한국사 **65** 대한민국

빼앗긴 나라를 되찾다

총기획 및 발행인 박연환
발행처 (주)한국헤르만헤세
출판등록 제17-354호
연구개발원 경기도 성남시 분당구 금곡동 444-148
대표전화 (031)715-7722
팩스 (031)786-1100
본사 서울시 송파구 석촌동 7-3
대표전화 (02)470-7722
팩스 (02)470-8338
고객문의 080-715-7722
편집 임미옥, 백영민, 윤현주, 지수진, 최영란
디자인 장월영, 주문배, 김덕춘, 김지은

ⓒ Korea Hermannhesse

이 책의 표지는 일반 용지보다 1.5배 이상 고가의 고급 용지인 드라이보드지를 사용해 제작하였습니다. 표지를 드라이보드지로 제작하면 습기의 영향을 덜 받기 때문에 본문 용지가 잘 울지 않고, 모양이 뒤틀리지 않아 책을 오랫동안 보존할 수 있습니다.

이 책은 기존의 석유 잉크 대신 친환경 식물성 원료인 대두유 잉크를 사용하여 인쇄하였습니다. 대두유 잉크는 선진국에서 널리 사용하고 있는 고가의 대체 잉크로, 휘발성이 적어 인쇄 상태의 보존이 용이하고, 인체에 무해할 뿐만 아니라 눈에 부담을 주지 않는 자연스러운 색을 내는 특징이 있습니다.

광개토대왕
이야기 한국사

65
★
대한민국

빼앗긴
나라를 되찾다

감수 **김한종** | 글 **김육훈** | 그림 **김동수**

한국헤르만헤세

꿈에도 그리던 광복이 되다

무조건 항복하는 일본

1945년 8월 15일, 일본 왕의 떨리는 목소리가 라디오에서 흘러나왔어요.

"짐은 모든 병사들에게 연합국에 무조건 항복할 것을 명령하였다."

라디오 앞에 모인 사람들은 어리둥절한 표정을 지었어요.

"일본이 무조건 항복을 했단 말이야?"

"쉿, 조용히. 끝까지 들어보자고!"

사람들은 귀를 쫑긋 세우고 라디오에서 흘러나오는 말을 들었어요.

"더 이상 전쟁을 계속하는 것은 희생만 늘어날 뿐이니,

앞으로의 일은 연합국에 맡기고 모든 전투 행위를 중단한다!"

라디오 앞에 모인 사람들은 믿을 수 없다는 표정으로 말했어요.

"설마, 신문에서는 날마다 일본이 전쟁에 이기고 있다고 했잖아."

"맞아, 왜놈들이 우리를 시험해 보는 거야."

사람들은 조심스러운 표정으로 주위를 둘러보았어요.

"다들 조용하잖아. 아무도 만세를 부르지 않는데?"

"그래, 사실인지 아닌지 좀 더 두고 보자고."

라디오 주변에 있던 사람들은 하나둘 자리를 떠났어요.

이렇듯 광복 첫날은 아무 일도 없었다는 듯이 조용히 지나갔어요.

광복 첫날, 아주 바쁘게 움직이는 사람들이 있었어요.

모든 사실을 알고 있던 일본 사람들이었지요.

조선 총독부 정무총감 엔도는 급히 여운형을 찾았어요.

정무총감은 총독 다음으로 계급이 높은 사람이에요.

"오늘 일본 왕이 항복 선언을 할 것입니다."

정무총감은 정오에 있을 방송 내용을 여운형에게 미리 알려 주었어요.

"그게 정말이오?"

"그렇습니다. 이제 우리는 일본으로 돌아가야 합니다.

여 선생이 나서서 질서를 유지할 수 있도록 도와주십시오."

여운형은 민족의 대표 지도자로, 다른 민족 지도자들이

친일 활동을 벌일 때도 끝내 일본에 협력하지 않고

감옥에 간 사람이에요.

맥아더 장군 앞에서 일본의 시게미쓰 마모루 외무 대신이 항복 문서에 서명하고 있는 모습이야.

▲ 일본의 항복

"우리도 조건이 있소. 당신들이 잡아 가둔 조선 사람들을

당장 풀어 주시오. 그들 대부분은 나라를 되찾기 위해 싸우던 분들이니

당연한 일이오. 또 서울 사람들이 먹을 석 달치 식량을 마련해 주시오."

정무총감은 공손하게 대답했어요.

"알겠습니다. 내일 아침 곧바로 형무소 문을 열도록 지시하겠습니다.

식량 문제도 해결할 수 있도록 최선을 다하겠습니다."

정무총감은 여운형의 눈치만 살폈어요.

지금은 여운형의 도움을 받아야만 하는 절실한 상황이었거든요.

"또한 지금부터 우리는 새 나라를 세우기 위해 노력할 것이오.

새 나라를 세우는 데 절대 방해하지 마시오."

"물론입니다. 대신 조선 사람이 일본 사람을

공격하는 일은 꼭 막아 주셔야 합니다."

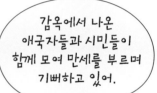

감옥에서 나온 애국자들과 시민들이 함께 모여 만세를 부르며 기뻐하고 있어.

▲ 서대문 형무소에서 광복을 맞는 애국자들

여운형은 정무총감과 헤어진 뒤 독립 운동가들을 만나
조선 건국 준비 위원회를 만들었어요.
"여러분, 조선의 경찰과 군대를 만들어 새 나라를 세울 준비를 합시다."
8월 16일 아침, 서대문 형무소에 갇혔던 독립 운동가들이 풀려났어요.
사람들은 그제야 일본이 항복하고 광복이 온 것을 느낄 수 있었어요.
"일본 왕이 말한 항복은 사실이었어."
"태극기를 들고 거리로 나가 만세를 부르세!"

사람들은 깊숙이 감춰 두었던 태극기를 꺼내 들고 거리로 나왔어요.

거리는 이미 만세 소리와 태극기의 물결로 가득 찼어요.

사람들은 해방의 기쁨에 눈물을 흘리며 온 힘을 다해 외쳤어요.

"여러분, 조선은 이제 해방되었습니다. 광복을 맞이한 겁니다."

"만세! 만세!"

"대한 독립 만세!"

8월 16일 오후 2시, 휘문 중학교에서 독립을 기념하는 집회가 열렸어요.

조선 건국 준비 위원회 위원장 여운형이 사람들 앞에 나섰어요.

사람들은 우레와 같은 박수와 함성으로 여운형을 반겼어요.

"아프고 쓰라린 날은 이제 지나갔습니다.
다 같이 이 땅을 새 나라로 바꾸어 갑시다."

많은 사람들이 여운형의 연설을 들으며 눈물을 흘렸어요.

새 나라 건설에 부푼 희망을 안고 사람들은 바삐 움직였어요.

"우선 지역마다 경찰대를 만들어 질서를 유지합시다."

사람들은 질서를 지키며 광복의 기쁨을 누렸어요.

"하하하, 태극기를 마음껏 걸어 놓을 수 있다니 이게 꿈이냐 생시냐."

"허허, 이 사람. 태극기만 보지 말고 조선 건국 준비 위원회에 참여하세."

조선 건국 준비 위원회도 많은 사람들이 참가해 새 나라 건설에 힘썼어요.

▲ 여운형이 연설하고 있는 모습

그날의 감동이 전해지는 것 같아….

조선 건국 준비 위원회는 전국 곳곳에 세워졌어요.

전국 각지에서 새 나라 건설을 위한 움직임이 활발하게 일어났지요.

경제학자 백남운, 역사학자 정인보, 국어학자 최현배,

소설 〈임꺽정〉을 쓴 홍명희가 광복을 기뻐하며 한자리에 모였어요.

백남운이 울먹이며 말을 꺼냈어요.

"꿈에도 그리던 광복입니다. 그동안 우리의 공부가 민족 장래에

보탬이 되기를 얼마나 소망하여 왔습니까? 이제 그날이 온 것입니다."

"그렇습니다. 이제부터 나라와 민족을 위해 아낌없이 일합시다.

진심으로 더 열심히 공부하여 새 나라를 만듭시다."

국어학자들은 서둘러 우리말과 글을 가르치는 책을 만들었어요.

"그동안 왜놈들이 우리말을 못 쓰게
했습니다. 이제는 소중한 우리말을
되살려야 합니다."

▲주시경의 뒤를 이은 한글학자 최현배

우리말, 우리 것을 되찾다

국어학자들은 일본 경찰이 빼앗아 갔던 〈우리말 큰사전〉 원고를
찾아내어 오랫동안 소망했던 사전을 만들기 시작했어요.
"동포들 중에는 아직도 글을 모르는 사람이 많습니다.
우리말 사전이 있어야 우리글을 올바르게 공부할 수 있을 것입니다."
역사학자들은 일본이 강제로 해산시킨 역사학회를 다시 만들었어요.
"왜놈들이 엉망으로 만들어 놓은 우리 역사를 바로 세워야 합니다."
광복 이후 가장 큰 변화가 있었던 곳은 학교예요.
일본인 교장, 일본인 교사가 사라졌기 때문에 일본인 눈치를
보지 않고도 우리말로 마음껏 공부할 수 있게 되었거든요.
이제는 일본 말과 일본 역사를 배우지 않아도 되었어요.
"더 이상 일본어는 국어가 아니고 일본 역사는 국사가 아닙니다."
학생들은 우리말로 된 새 교과서와 선생님을 보며 기뻐했어요.
"네, 선생님. 우리말로 우리 역사를 씩씩하게 공부하겠습니다."
일본이 우리나라를 지배했을 때는 꿈도 꿀 수 없는 일이었지요.

어둡고 괴로워라 밤이 길더니 / 삼천리 이 강산에 먼동이 튼다.
동포여 자리 차고 일어나거라 / 산 넘고 바다 건너 태평양 건너
아아, 한국에 한국에 날이 밝았다.

아이들은 노래를 부르고 춤을 추며 광복의 기쁨을 누렸어요.

선생님들은 아이들의 노랫소리를 듣고 기뻐했어요.

"아이들의 밝은 노래를 얼마 만에 듣는 겁니까?

참으로 감격스럽습니다."

"그렇습니다. 우리는 그동안 잘못된 교육을 반성해야 합니다."

"새 나라를 세우기 위해 어떤 교육을 해야 할지 연구해야 합니다."

선생님들은 좋은 교육을 위해 교사 단체를 만들어 실천해 나갔어요.

예술인들도 새 나라를 위해 어떤 일을 해야 할지 깊이 생각했지요.

"새 나라에 이바지할 수 있는 글을 써야겠어요."

"전 그림으로 열심히 사는 사람들의 모습을 그리겠습니다."

"사람들이 힘들고 지칠 때 위로가 될 수 있는 음악을 만들어야겠군요."

문학인, 미술인, 음악인 할 것 없이 새 나라를 만들기 위해 노력했어요.

일본이 강제로 만들지 못하게 했던
신문과 잡지도 발행되었어요.

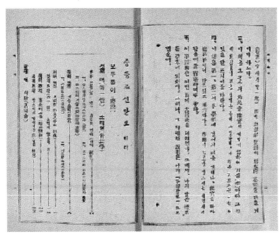

▲ 중학교 국어 교과서(1945년 발행)

광복이 된 후
우리말로 된
교과서가 나왔어.

우리말로 된
교과서로 공부하니깐
선생님이나 학생들
모두 기뻤을 거야.

"신문을 통해 새 나라 건설을 위해 움직이는 사람들 소식을 전해야 돼."

"그게 우리 언론인 임무가 아니겠는가?"

일본에 가장 큰 고통을 받았던 농민이나 노동자,

여성들도 단체를 만들어 활발히 활동했어요.

"일제와 민족 반역자의 토지를 국가가 거두어들여야 합니다."

하지만 광복이 모든 사람에게 기쁜 일만은 아니었어요.

광복을 두려움으로 맞은 조선 사람도 있었거든요.

'일본에 충성했는데 일본이 망했으니 난 이제 어떡하지?'

독립투사를 붙잡아 고문하거나 조선 사람들을 괴롭힌 경찰이나

군인들은 두려움에 떨었어요.

학자, 예술가, 지식인들 중에도 친일파가 많았어요.

"태평양 전쟁은 성스러운 전쟁입니다.

조선 사람도 일본 사람이니 일본 왕을 위해 싸워야 합니다."

우리 민족을 전쟁터로 몰아넣은 지식인들도 그런 사람들이었어요.

친일파들은 광복이 되자
두려움에 떨며 숨어
살아야 했어요.

그들에게 조선의 광복은
기쁨이 아닌 괴로움이었던
것이지요.

바르게 살 것을….

두 나라로 나뉘어 독립하다

남과 북으로 갈리다

나는 우리나라가 세계에서 가장 아름다운 나라가 되기를 원한다.
가장 잘사는 나라가 되기를 원하는 것이 아니다. 내가 남의 침략에
가슴 아팠으니, 내 나라가 남을 침략하는 것을 원치 아니한다.
우리 경제력은 우리 생활을 풍족히 할 만하고, 우리 군사력은 남의 침략을
막을 만하면 충분하다. 오직 한없이 가지고 싶은 것은 문화의 힘이다.

위 글은 김구가 쓴 〈나의 소원〉의 일부예요.
김구는 조선 독립을 위해 온몸으로 싸운 독립투사였어요.
"김구 선생님은 조선을 문화의 나라로 만들자고 하셨어."
"그것도 맞지만 먼저 옛 황제나 가족을 모셔야 하지 않을까?"
"말도 안 되네. 이제 조선은 민주주의 국가가 되어야 하네."
사람들은 모이기만 하면 새로운 나라의 모습에 대해 토론했어요.
그리고 생각이 비슷한 사람들끼리 모여 정당을 만들었지요.
박헌영이나 여운형이 속한 단체는 국민들에게 친일 민족 반역자를
벌주어야 한다고 주장했어요.
"일본인이나 친일 민족 반역자가 가졌던 농토나 회사는 국가에서
거두어들여야 합니다."

다른 정당에서는 친일 민족 반역자를 벌주는 것을 은근히 반대했어요.
김성수, 이승만이 속한 단체가 대표적이었지요.

"이제 일본이 물러가고 새 나라를 세우게 되었다. 과거의 아픈 기억을
잊고 재능 있는 사람이면 모두 다 참여하게 하자."

이렇듯 민족 반역자 처리와 농지 분배 등을 놓고 팽팽하게 맞섰어요.

"친일 민족 반역자들이 그동안의 잘못을 반성하지 않고 있다."

"그들이 가진 재산을 민족을 위해 내놓아야 한다."

과거를 묻지 말고 단결하자는 쪽에서는 반대 의견을 내놓았어요.

"강제로 재산을 빼앗는 건 공산주의자다."

"민주주의 국가에서 있을 수 없는 일이다."

미국과 소련은 독일, 일본과 싸우기 위해 잠시 힘을 합쳤어. 사실은 사이가 나빴지.

우리나라는 미국과 소련 사이에 끼어 갈라지게 된 거야.

하지만 다른 한쪽에서 이보다 더 심각한
문제가 있다고 여겼어요.

"지금 그게 문제가 아니네. 문제는
북쪽을 차지한 소련 군대와 남쪽을
차지한 미국 군대야. 우린 아직
완전한 독립을 이루지 못했어."

한반도 허리쯤에 해당하는 곳에
북위 38도선이 있어요.

38도선을 기준으로 북쪽은 소련,
남쪽은 미국이 차지하고 있었지요.

소련과 미국은 일본을 몰아낸 뒤 조선의 질서 유지를 위해 잠시
머무는 것이라고 했어요. 하지만 사실은 달랐어요.
"지금 한국인들 중 소련과 가장 가까운 사람이 누구요?"
"북쪽의 김일성, 남쪽의 박헌영입니다."
소련은 공산주의자인 김일성과 박헌영을 돕기로 했어요.
1946년, 김일성은 소련의 도움을 받아 북쪽 대표가 되었어요.
김일성은 남쪽에 있는 박헌영과 함께 북쪽의 임시 정부를
이끌었어요. 두 사람은 광복 때까지 만난 적이 없었다고 해요.
김일성은 소련군 장교로 만주와 러시아에서 활동한 반면,
박헌영은 주로 국내에서 활동했기 때문이지요.
김일성과 박헌영은 서로 잘 아는 사이는 아니었지만 새 나라를
사회주의 국가로 만들기 위해 노력했어요. 그러자 미국이 긴장했어요.

▲ 38도선을 알려 주는 표지선

미국 또한 한국을 미국과 닮은 나라로 만들려고 했어요.

"한국 민주당의 이승만과 김성수는 반공주의자입니다.

또한 미국에서 살았기 때문에 우리 말을 잘 따를 겁니다."

미국은 이승만과 김성수가 속한 한국 민주당을 도왔어요.

이승만은 소련을 비난하며 정부를 따로 세워야 한다고 주장했어요.

"소련이 우리나라를 공산주의 국가로 만들려고 합니다.

이제 38도선 이남에 따로 정부를 세워야 합니다."

이승만이 이러한 주장을 한 것은 북쪽에서 벌어지는 일 때문이었어요.

김일성은 친일파를 몰아내고, 농민들에게 땅을 나누어 주었어요.

그러자 남쪽에서도 김일성처럼 해야 한다는 목소리가 높아졌어요.

남쪽에서 활동하는 박헌영이 앞장서 미국에 제안했어요.

"우리도 북쪽처럼 친일파를 몰아내고 땅을 농민들에게 주어야 합니다."

이승만은 새 나라가 사회주의 국가가 되는 걸 막아야 한다고

생각했어요.

김성수가 속한 한국 민주당도 이승만과 같은 생각이었지요.

"이럴 바엔 차라리 나라를 둘로 나누는 것이 좋을 것 같습니다."

김구는 이 말을 전해 듣고 깜짝 놀랐어요.

"아니 뭐라고, 이 박사가 그런 말을 했단 말이야?"

이승만을 당시 사람들은 이 박사라고 불렀어요.

김구는 나라를 둘로 나누자는 주장을 도저히 받아들일 수 없었어요.

"우리가 언제부터 한민족으로 살아왔나 생각해 보게.
이건 있을 수 없는 일이야!"
여운형 또한 분단은 있을 수 없는 일이라고 생각했어요.
"우리 민족끼리 머리를 맞대고 힘을 모아야 합니다.
의견 차이를 좁히고 하나의 나라로 만들어야 합니다."
이처럼 한쪽에서는 나라가 둘로 나누어지는 것을 막기 위해
많은 사람들이 노력했어요.

안 돼! 이 나라가
둘로 갈라지는 것은
막아야 돼.

이 박사께서
남한에 단독 정부를
세우자고 주장하고
있습니다.

분단을 막기 위한 노력에도 불구하고 의견 차이는 좁혀지지 않았어요.

북쪽의 임시 정부나 남쪽의 이승만, 한국 민주당 사이는 더욱 멀어졌지요.

미국과 소련도 협상을 통해 통일 정부를 세우겠다는 생각을 포기했어요.

"이러다가 정말 남과 북이 갈라지는 거 아니야?"

"미국과 소련이 뒤에서 막고 있는 거야. 우린 힘이 없잖아."

광복이 되었지만 기쁜 소식보다는 우울한 소식들이 번져 갔어요.

북쪽과 남쪽은 정부를 세우기 위해 바쁘게 움직였어요.

"이왕 이렇게 된 거, 반쪽이라도 제대로 된 나라를 만들자!"

"분단은 절대 안 됩니다. 포기하지 말고 서로 만나 끝까지 노력합시다."

대부분의 사람들은 남과 북이 갈라지지 않기 위해 노력했어요.

어느 날, 김규식이 김구를 찾아왔어요.

"백범, 걱정입니다. 이러다 정말 나라가
갈라지게 생겼습니다."

나라가 둘로 갈라지는 것을 끝까지 막아야 했는데….

그러게 말이야. 하지만 그땐 또 어쩔 수 없는 상황이었겠지.

▲ 공산주의 운동가인 박헌영(오른쪽 두 번째)

"나도 정말 걱정이오. 민족끼리 미워하고, 그것도 모자라 한민족이
두 나라로 찢어지는 꼴을 보려고 독립운동을 한 게 아닙니다."
김구는 주먹을 불끈 쥐고 말했어요.
"분단을 막는 일이 제2의 독립운동이라고 생각하고 우리가 나섭시다."
"그렇습니다. 어떻게든 분단은 막아야 합니다."
미국이 1948년 5월 10일, 선거를 통해 한국에 독립된 새 정부를
구성하겠다고 발표하자 김구와 김규식이 강력하게 반대하고 나섰어요.
"소련과 이북이 미국의 계획에 반대하고 있습니다.
그런데도 선거를 한다는 것은 결국 남쪽 정부를 세우자는
계획인 겁니다."
"선거를 하면 북쪽과 남쪽이 영영 갈라지는 겁니다. 막아야 합니다."
김구와 김규식은 뜻을 같이하는 사람들을 모았어요.
"우리가 분단을 막을 수 있는 방법을 찾아야 합니다."

김구와 함께
남북 협상을 위해
노력했어.

▲ 독립 운동가인 김규식

김구와 김규식은 분단을 막을 수 있는 방법을 발표했어요.

"미군과 소련군 모두 한반도를 떠나라!

그 뒤 이남과 이북의 중요 정치인들이 만나 회의를 열자.

그래서 이남과 이북이 함께 선거를 하여 새 정부를 구성하자."

미국과 소련의 간섭 없이 민족끼리 지혜를 모아 분단을 막자는 내용이었어요.

1948년 2월, 김구는 '삼천만 동포에게 울며 호소한다.'는 글을 발표했어요.

나는 통일된 조국을 세우려다가 38도선을 베고 쓰러질지라도

구차하게 내 몸이나 편하자고 남한만의 정부를 세우는 데 협력하지 않겠다.

김구는 계속해서 분단을 막아야 한다고 간절히 호소했어요.

하지만 김구의 소망과는 다르게 일이 진행되었어요.

미국과 이승만은 남쪽만이라도 빨리 정부를 세워야 한다며 서둘렀고,

▲ 38도선을 넘는 김구 일행

1948년 4월 김구 일행이 남북 협상을 위해 38도선을 넘고 있어.

소련과 김일성도 마찬가지였지요. 그러자 김구는 결단을 내렸어요.

"내가 38도선을 넘어 북쪽 사람들을 설득해 보겠소."

김구와 김규식은 이북 대표였던 김일성과 박헌영을 만났어요.

"두 정부는 서로가 자기 쪽이 옳다고 주장하고 있습니다.

이러다 전쟁이 날지도 모릅니다. 광복된 나라에서 같은 민족끼리

서로 총부리를 겨눈다면 이 얼마나 슬픈 일이겠습니까?"

김일성과 박헌영은 김구의 뜻을 받아들였어요.

"좋습니다. 남북이 함께 선거를 해서
새 정부를 세웁시다."

하지만 미국과 소련이 반대하고 나섰어요.

이승만과 한국 민주당은 김구가 소련의 앞잡이라고 비난했어요.

결국 김구의 노력은 아무런 빛을 발하지 못하고 실패로 돌아갔어요.

1948년 5월 10일, 남쪽만이라도 선거를 하기로 결정했어요.

선거를 통해 국회 의원과 대통령을 뽑기로 했지요.

김구는 자신을 따르는 사람들을 모아 말했어요.

"나는 국회 의원 선거에 나가지 않겠소.

평생을 독립을 위해 애썼는데 분단된

정부에서 벼슬이나 하려고

그런 것이 아니란

점을 말하고 싶소."

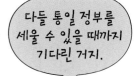

다들 통일 정부를 세울 수 있을 때까지 기다린 거지.

김구의 뜻에 따라 김규식과 그를 따르던 이들도 선거에 출마하지 않았어.

역사적인 첫 선거가 실시되다

하지만 선거 운동은 처음부터 혼란스러웠어요.

1947년, 극우파 청년에 의해 암살당한 여운형의 지지자들은

선거에 참여하지 않으면서 선거를 반대하고 나섰어요.

또한 박헌영을 지지했던 사람들도 남한만의 정부 구성을 막아야

한다며 선거를 방해하는 운동을 벌이기도 했어요.

"절대로 선거에 참여하시면 안 됩니다. 선거를 막아야 합니다."

이러한 노력에도 불구하고 남한만의 선거는 막지 못했어요.

선거를 하는
기쁨보다 걱정이
더 크네.

28

1948년 5월 10일에 역사적인 첫 선거가 실시되었어요.

2년 임기의 첫 국회 의원을 뽑는 선거였지요.

"누구나 선거에 참여할 수 있는 거야?"

"남자든 여자든, 글을 알든 모르든, 어떤 종교를 가졌든 묻지 않는대.

21세 이상 어른이면 누구나 똑같이 한 표를 찍을 수 있다고 했어."

"남쪽만 국회 의원을 뽑으면 분단되는 거 아니야?"

"그러게 말일세. 선거에 참가하려니 마음에 걸려."

"그래도 우리 손으로 우리 정부를 세우는 일이잖아.

얼마나 기쁜 일인가. 아쉽지만 투표하자고."

많은 사람들이 투표장으로 갔지만 마음은 편하지 않았어요.

나라를 이끌어 갈 사람을 직접 뽑는다는 기쁨보다는 분단에 대한

걱정이 더 컸기 때문이에요.

결국 큰 문제없이 남한만의 선거가 치루어졌고,

국회 의원 198명이 뽑혔어요.

"우리 국회 의원들이 가장 먼저 할 일은 나라 운영의 기본법인

헌법을 서둘러 만드는 것입니다."

우리가 제헌절로 기념하는 7월 17일, 헌법이 확정되었어요.

**우리 민족은 오랜 역사와 전통을 가진 민족으로서
대한민국 임시 정부를 계승하여 새 정부를 만들었습니다.**

새 헌법의 1조와 2조는 아래와 같아요.

대한민국은 민주 공화국이다.
대한민국의 주권은 국민에게 있고 모든 권력은 국민으로부터 나온다.

사람들은 새 헌법을 반겼어요.
"우리는 35년 동안 일본의 지배를 받았어."
"해방이 되었지만 남쪽은 미국이, 북쪽은 소련이 주인 노릇을 했지."
"하지만 지금은 어떤가? 이제 새 나라는 국민이 주인이지 않은가?"
"암. 나라의 주인은 국민이고, 국민이 뽑은 사람만이 권력을 행사할 수
있어. 그러니 국가도 국민들이 고루 잘살기 위해 노력하겠지."
얼마 후 헌법을 마련한 국회는 7월 20일 대통령과 부통령을 뽑았어요.
남한에 단독 정부를 세우자고 주장한 이승만이 대통령으로,
이시영이 부통령으로 뽑혔어요.
이승만 대통령은 취임식장에서 국민 앞에 엄숙히 선서했어요.
"국가를 보위함으로써 대통령의 임무를 충실히 지켜 나갈 것을
국민 앞에 엄숙히 선서합니다."
1948년 8월 15일, 대한민국 정부 수립이 공식적으로 선포되었어요.
소선 총독부 건물에 독립된 대한민국 정부가 들어섰어요.
"한국이 이제 독립 국가가 되었으니 우리도 물러나겠소."
미국은 한국에서 모든 군대를 철수시켰어요.

남쪽에 단독 정부가 들어서자 북쪽도 가만히 있지 않았어요.

"우리도 이북에 따로 정부를 세울 것이오."

북쪽은 북쪽대로 선거를 치렀어요.

9월 9일, 김일성을 수상으로 하는 새 정부가 세워졌어요.

새 나라 이름은 조선 민주주의 인민 공화국으로 정했지요.

이제 한반도에 남한과 북한으로 나누어진 두 개의 정부가 들어선

것이었어요. 남한과 북한은 서로를 인정하지 않고 비난하고 나섰어요.

"이북 정부를 인정할 수 없소. 민족을 팔아먹으려는 자들이

소련의 힘을 믿고 나라의 절반을 차지하고 있는 것뿐이오."

"이남 정부는 미국의 앞잡이들이다.
인민을 괴롭히는 정부일 뿐이다."
남과 북은 서로 분단의 책임을
떠넘겼어요.

▲ 대한민국 정부 수립식

초대 이승만 대통령은
1948년 8월 15일,
대한민국 정부 수립을
국내외에 선포했어.

이승만 정부는 북한을 지지하는 사람들을 감옥에 가두기 시작했어요.

"공산주의자는 물론, 공산주의자라고 생각되는 사람들을

모두 잡아 감옥에 넣으시오."

북한에서도 같은 일이 벌어졌어요.

"소련과 공산주의를 반대하는 사람들을 모두 잡아 감옥에 넣으시오."

김일성과 박헌영은 남한을 사회주의 국가로 만들어야겠다고 생각했어요.

"필요하다면 전쟁을 해서라도 한국 정부를 무너뜨려야 합니다."

이승만 정부도 마찬가지였어요.

"어떻게 해서든지 김일성을 몰아내고 통일을 해야 합니다."

김구는 남북으로 갈라져 두 정부가 세워진다면

전쟁이 일어날지도 모른다는 경고를 늘 했었어요.

김구의 말대로 서서히 전쟁의 그림자가 드리워지기 시작했어요.

▲ 백범 김구 선생의 장례 행렬

김구의 예언이 현실로 다가오고 있어.

다시 시작된 민족의 비극

6·25 전쟁이 일어나다

1950년 6월 25일 새벽 4시,

북한군이 38도선을 넘어 남한으로 쳐들어왔어요.

"와! 남조선 인민을 해방하자!"

38도선 곳곳에서 대포 소리가 요란하게 울려 퍼졌어요.

국군은 있는 힘을 다해 싸웠지만 북한군을 막지 못했어요.

다음 날 1시쯤에는 서울에서 가까운 의정부가 무너졌어요.

사흘 뒤인 6월 28일에는 서울마저 무너지고 말았어요.

이렇게 빨리 국군이 무너진 이유는 북한군은 오래전부터 전쟁을

준비했기 때문이에요.

김일성은 소련 지도자 스탈린에게 전쟁을 일으키겠다고 했어요.

스탈린은 고개를 가로저으며 전쟁에 반대했지요.

"남쪽에는 미군이 있소. 소련은 미국과 38도선을 지키기로 약속했소."

"그렇다면 통일할 기회가 없다는 이야기입니까?

우리 인민들은 분단을 절대로 받아들이지 못합니다."

김일성은 강력히 주장했지만 스탈린은 계속 반대했어요.

스탈린은 북한 경제와 군사력을 키우겠다는 약속만 했어요.

"전쟁은 안 되오. 북한이 잘살 수 있도록 소련이 돕겠소."
1949년 미국 군대가 남한에서 물러났어요.
김일성은 미국이 남한에서 물러났기 때문에 전쟁이 나도
끼어들지 않을 것이라고 판단했어요.

김일성은 자신감에 넘쳐 중국 지도자들을 만났어요.

"미국이 없다면 이승만 정부를 무너뜨리는 건 시간문제입니다."

"좋소. 미국이 끼어들면 중국은 북한을 돕겠소."

중국은 북한이 전쟁을 준비할 수 있도록 도와주었어요.

이처럼 북한은 전쟁 준비를 철저하게 하고 있었던 거예요.

남한은 미국에 전쟁 상황을 알리고 도움을 청했어요.

"미국 정부와 유엔에 위험 상황을 알리고 도움을 청하시오."

미국은 침략을 당장 그만두라고 북한에 요구했어요.

"미국 말에 신경 쓰지 말고 계속 밀어붙여라!"

북한군은 남쪽으로 계속 밀고 들어왔어요.

국군은 북한군을 막아 내지 못하고 계속 물러났어요.

결국 남한 정부도 부산으로 옮겨야 했어요.

미국과 열다섯 나라는 남한을 돕기 위해 군대를 보냈어요.

북한은 전쟁이 시작된 지 3일 만에 서울을 점령했어.

▲ 6·25 전쟁으로 폐허가 된 서울 중앙청 앞

북한군은 거침없이 남쪽으로 내려왔어요.

"일주일이면 부산까지 무너뜨릴 수 있다. 돌격하라!"

하지만 미군과 연합군이 전쟁에 참가하면서 상황이 달라졌어요.

낙동강을 사이에 두고 북한군, 연합군, 국군이 마주 섰어요.

"낙동강을 넘어 부산을 차지하면 전쟁은 북한군 승리다!"

"어떠한 일이 있어도 북한군이 낙동강을 넘어오지 못하게 하라!"

폭탄이 비 오듯 쏟아졌고, 헤아릴 수 없는 총탄이 오갔어요.

"낙동강을 건너야 한다! 총공격이다! 낙동강은 우리의 마지막 방어선이다."

싸움이 더할수록 죽는 자만 늘어났어요.

같은 민족이기 때문에 슬픈 사연도 많았어요. 형은 국군으로

동생은 북한군으로, 같은 학교에 다니던 친구는

북한군으로 또 한쪽은 국군으로 싸워야 했어요.

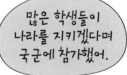

많은 학생들이 나라를 지키겠다며 국군에 참가했어.

국군뿐 아니라 북한군 중에도 학생들이 많았대.

▲ 학도 의용군 기록화

우리 민족의 비극, 6·25 전쟁

우리나라는 광복의 기쁨이 채 가시기도 전에 두 나라로 갈라지고 말았어요. 남한은 미국이, 북한은 소련이 통치했지요. 미국과 소련은 정치 이념이 달랐기 때문에 하나의 나라로 합치기가 힘들었어요. 그래서 같은 겨레끼리 전쟁을 치르게 되었답니다.

❀ 북한군에 밀리다

미처 전쟁을 준비하지 못한 남한은 1950년 6월 25일 갑자기 쳐들어온 북한군을 막지 못했어요. 이승만 대통령은 전쟁이 일어나자 안심하라는 내용의 녹음을 방송에 내보내고 자신은 대전으로 피난을 가 버렸지요. 북한군이 탱크를 이끌고 밀고 내려오자 사람들은 짐을 싸서 피난을 갔어요. 전쟁이 일어난 지 두 달 만에 경상도를 제외한 모든 땅이 북한군 손아귀에 들어가고 말았어요.

▲ 전쟁이 시작된 지 3일 만에 서울을 점령한 북한군

▲ 1950년 9월 15일 인천에 상륙한 연합군

❀ 유엔군이 참전하다

전쟁이 일어나자 미국은 바로 유엔에 도움을 요청했고, 7월에 유엔군이 들어왔어요. 16개국이 전투 부대를, 5개국이 의료 물품을 보내 주었고, 20개 나라가 물자를 지원해 주었지요. 유엔군 총사령관은 미국의 맥아더 장군이었어요. 한국군과 유엔군의 지휘권을 가진 맥아더 장군은 인천 상륙 작전을 성공시켜 북한군을 물리쳤어요. 마침내 서울을 되찾았고, 유엔군은 이 기회를 이용해 압록강까지 밀고 올라갔어요.

🌸 중국군 때문에 다시 쫓겨 내려오다

이제 북한을 모두 차지했다 싶었는데 중국군이 참전했어요. 중국군의 참전으로 국군과 유엔군은 압록강, 두만강 전선에서 후퇴하게 되었어요. 정부도 부산으로 철수를 시작했고, 서울은 다시 북한의 손에 넘어갔어요. 유엔군과 국군은 다시 남쪽으로 쫓겨갔지요.

그러나 이번의 후퇴는 유엔군의 작전에 따라 질서 정연하게 이루어져 큰 혼란은 없었어요. 국군과 유엔군은 그로부터 2개월 뒤인 3월 중순에 서울을 다시 찾았답니다.

🌸 휴전선이 생겼어요

미국과 소련은 상대를 힘으로 이길 수 없다는 것을 깨닫고 휴전에 합의했어요. 그렇게 해서 한반도의 허리를 가르는 휴전선이 생겼어요. 휴전선은 서쪽으로 예성강 및 교동도에서부터 동해안 고성의 명호리에 이르기까지 248킬로미터의 길이로 한반도를 가로지르고 있어요.

이제 자유롭게 오갈 수 없는 상황이 되어 버린 거예요. 1953년 휴전 협정을 맺으면서 전쟁은 끝이 났지만, 남과 북은 지금까지도 휴전선을 경계로 대치하고 있답니다.

가루우유를 알아?

6·25 전쟁으로 폐허가 되자 먹을 것이 모자랐어요. 사람들은 먹지 못해 바짝 야위고 심지어 굶어 죽는 사람들도 생겼어요. 이때 미군은 우리나라 사람들에게 우유를 말려서 만든 가루우유를 나누어 주었어요.

사람들은 가루우유를 받기 위해 냄비를 들고 줄을 길게 섰어요. 힘들게 배급받은 가루우유는 따뜻한 물에 타서 온 가족이 나누어 마시고 조금이라도 허기를 달랠 수 있었답니다.

부산에서의 피난살이

6·25 전쟁이 일어나자 사람들은 북한군이 들어오지 못한 경상도 지역으로 피난을 떠났어요. 그중 대구와 부산에 피난민들이 몰려들어 북새통을 이루었지요. 고달픈 피난살이 속에서도 사람들은 희망을 잃지 않았답니다.

✿ 부산의 명소가 된 40계단

부산으로 찾아든 피난민들은 40계단 일대에 판자촌을 이루고 살았어요. 사람들이 많이 모였던 40계단 인근의 구호물자 장터는 이름난 시장이 되었지요. 피난민들은 40계단에 기대고 앉아 낮에는 영도다리를 바라보며 피난살이의 고달픔을 달랬고, 밤에는 부산항에 정박해 있는 배들의 반짝이는 불빛을 보면서 고향에 대한 그리움을 달랬어요.

▲ 허기를 채우고 있는 피난민들

✿ 허기를 달래 준 꿀꿀이죽

피난 시절에는 먹을 것이 무척 귀했어요. 식량을 구하기 힘들었기 때문에 돼지나 개한테나 줄 꿀꿀이죽을 먹을 수밖에 없었어요. 꿀꿀이죽은 미군이 남긴 음식을 한데 섞어 푹 끓인 음식이에요. 미군들은 햄이나 고기, 소시지 같은 기름기 있는 육류를 많이 먹기 때문에 꿀꿀이죽은 빈 속을 채우기에 좋았어요.

✿ 천막 학교가 세워지다

피난 중이라고 해도 학업을 게을리할 수는 없었어요. 피난을 온 학교들은 천막을 치고 수업을 계속했지요. 피난민이 모여든 부산에는 이런 천막 학교들이 많이 생겼답니다. 교수와 중·고등학교 및 초등학교 교사들이 피난을 와 있었기 때문에 가르치는 데는 문제가 없었어요. 먹을 것이 없어도 학교를 보내는 높은 교육열 덕분에 전쟁의 상처를 빨리 낫게 할 수 있었지요.

전쟁 중이어도 공부를 게을리해선 안 돼.

이럴 때일수록 열심히 해야지.

한눈에 보는 연표

8·15 광복 ➡ **1945** ⬅ 포츠담 선언
미군·소련군, 한반도를 나누어 점령
➡ 신탁 통치 반대 운동 벌어짐

독일과 일본의 무조건 항복으로
제2차 세계 대전 끝남
국제 연합 창설

제1차 미소 공동 위원회 열림 ➡ **1946** ⬅ 파리 평화 회의

신탁 통치 반대 운동

1945년 12월, 미국, 영국, 소련이 앞으로 5년 동안 한국을 신탁 통치하겠다고 발표했어요. 그러자 곧 맹렬한 반대 운동이 벌어졌어요.

▲ 국제 연합기

유엔 한국 임시 위원단 구성 ➡ **1947** ⬅ 유럽 부흥 계획, 마셜 플랜 발표

남한만의 5·10 총선거 실시, ➡ **1948** ⬅ 유엔 총회,
대한민국 정부 수립   세계 인권 선언 채택

주한 미군 철수 ➡ **1949** ⬅ 북대서양 조약 기구
(NATO) 성립

신탁 통치란 스스로
나라를 다스릴 힘이 없는
나라를 독립할 힘이
생길 때까지 대신
다스려 주는 거야.

포츠담 선언

1945년 미국, 영국, 중국, 소련 등의 네 나라 대표가 이 선언에서 한국의 독립을 약속했어요.

▲ 5월 10일 시민들이 투표하는 모습

이 선언은 일본의
무조건 항복과
전쟁 뒤의 처리 방법을
내용으로 하고 있어.

북한군의 남침으로 ➡ **1950** ⬅ 유엔, 한국 파병 결의
6·25 전쟁 일어남